Isabel Brancq

crème brûlée
en andere romige toetjes

met foto's van Gwenael Quantin

Becht

inhoud

tips en trucs

slagroom

Of het lukt om die mooi stijf te krijgen hangt helemaal af van de temperatuur van het keukengerei en van de slagroom, die goed koud moet zijn.

Zet 15 minuten voordat je de slagroom gaat kloppen een grote kom in de koelkast. Klop de koude slagroom met een handmixer. Na een paar minuten neemt het volume toe en wordt de slagroom schuimig. Je kunt er zelfs met de mixer golfjes in maken. Dan is de slagroom klaar. Zet hem in de koelkast tot het moment van opdienen. Je kunt er poedersuiker of honing bijdoen op het moment dat de slagroom omhoog begint te komen.

crème anglaise

120 g fijne kristalsuiker

6 eidooiers

5 dl volle melk

1 vanillestokje

Roer de suiker en de eidooiers 2 minuten met een garde flink door elkaar in een grote kom, het mengsel wordt dan wit. Verwarm intussen de melk met het in tweeën gespleten vanillestokje. Verwijder het stokje als de melk heet geworden is. Schenk de warme melk met kleine beetjes tegelijk en al kloppend met de garde bij de geklutste eieren. Verwarm dit mengsel heel zachtjes in de pan, al roerend met een houten lepel. Haal van het vuur zodra het begint te koken. Als je een duidelijk spoor blijft zien wanneer je je vinger over de lepel haalt, is de crème klaar. Giet de crème door een heel fijne zeef en zet hem vervolgens 12 uur koel weg.

karamels

Als je vloeibare karamel wilt maken voor je crème caramel, verwarm de suikerklontjes dan heel zachtjes in een pan, zonder water. Na 3 minuten vallen de klontjes uit elkaar. Roer met een houten lepel en laat de suiker oplossen. Zet het vuur wat hoger: de karamel 'pakt', hij is eerst heel licht en gaat dan kleuren. Temper het vuur en blijf roeren. Haal de pan van het vuur en schenk er een beetje water in. Gebruik een lepel met een lange steel, zodat je je niet brandt en roer totdat de karamel vloeibaar is. Schenk hem onderin de vuurvaste bakjes.

Als je karamel wilt maken voor een korstje van amandelen en pistachenootjes, schenk dan geen water in de pan, maar voeg de verbrokkelde amandelen en pistachenootjes toe en schenk het mengsel op bakpapier. Let op: deze karamel wordt heel snel hard.
Zet de pan heel snel in heet water.

schuimpjes

Elke keer als je een crèmetoetje maakt houd je eiwit over. Gooi dat vooral niet weg. Mijn advies is om er lekkere schuimpjes van te maken die je bij je toetje opdient.

Klop 6 eiwitten stijf en voeg er vervolgens 3 eetlepels poedersuiker aan toe. Verwarm de oven voor tot 100 °C.

Bekleed een bakplaat met bakpapier. Leg er met een lepel bolletjes eiwit op en zet 2 uur in de oven, waarbij je de deur van de oven op een kiertje open laat staan.

Je kunt de eiwitten ook invriezen en later gebruiken.

natuurlijke aroma's

Vervang het klassieke vanillestokje eens en zoek in je tuin of op je balkon naar planten als tijm, citroentijm, rozemarijn, lavendel... Pluk een paar takjes en laat ze trekken in de melk of in de slagroom voor het toetje.

Probeer eens: crème met tijm en aardbeien, crème brûlée met honing en rozemarijn, crème caramel met aardbeien en lavendel.

karameliseren

Investeer in een brander voor crème brûlée of vraag er eentje cadeau. Deze is echt onmisbaar voor het maken van crème brûlée zoals je die in restaurants krijgt. Je krijgt het karameliseren er perfect mee onder de knie.

Het is echt de bedoeling dat de crème koud blijft als het suikerlaagje karameliseert, anders wordt het roerei. Hoe je het ook doet, met de brander of in de oven, haal de toetjes pas op het laatste moment uit de koelkast en zet ze tijdens het karameliseren in een bak koud water. Zet ze daarna nog minstens 10 minuten terug in de koelkast om het suikerlaagje hard te laten worden.

crème chocolat

voor 6 personen

4 eidooiers

1 ei

5 dl volle melk

80 g poedersuiker

150 g pure chocolade

boter voor de vuurvaste bakjes

Verwarm de oven voor tot 150 °C.

Breek de chocolade in stukken en laat ze met 1 eetlepel water in een pan smelten.

Roer met een houten spatel, schenk de melk erbij en roer goed door elkaar. Verwarm 3 minuten op zacht vuur.

Meng de eidooiers en het ei in een grote kom door elkaar. Voeg de suiker toe en roer vervolgens met een garde 3 minuten door elkaar.

Schenk de chocolademelk erbij en roer opnieuw.

Beboter 6 vuurvaste bakjes en verdeel de chocoladecrème erover. Zet de bakjes in een ovenschaal, schenk de schaal halfvol met water en laat zo au bain-marie 30 minuten bakken.

Laat de crèmes afkoelen en zet ze dan 1 uur in de koelkast.

Dien koud op.

karamelcrème

voor 6 personen

4 eidooiers

1 ei

5 dl volle melk

80 g poedersuiker

50 g suikerklontjes

Verwarm de oven voor tot 150 °C.

Maak de karamel zoals aangegeven op pagina 4.

Klop de eieren in een grote kom. Voeg de poedersuiker toe en roer vervolgens met een garde 3 minuten flink door elkaar.

Verwarm de melk en schenk die vervolgens bij de geklopte eieren, voeg de afgekoelde karamel toe en roer door elkaar.

Beboter 6 vuurvaste bakjes en verdeel het mengsel erover. Zet de bakjes in een ovenschaal, schenk de schaal halfvol met water en laat zo au bain-marie 30 minuten bakken.

Laat de crèmes afkoelen en zet ze dan 1 uur in de koelkast.

Dien koud op.

TIP | Als je de karamel gemaakt hebt, roer er dan, terwijl hij nog warm is, een theelepel gezouten boter door tot deze smelt. Lekker bij gekarameliseerde appeltjes, als dessert.

crème café

voor 6 personen

4 eidooiers
1 ei
4½ dl melk
80 g poedersuiker
½ dl sterke koffie

Verwarm de oven voor tot 150 °C.

Klop de eieren in een grote kom. Voeg de poedersuiker toe en roer vervolgens flink door met een garde.

Verwarm de melk met de koffie in een pan op laag vuur, schenk dit bij de geklopte eieren en roer door elkaar.

Beboter 6 vuurvaste bakjes en verdeel het mengsel erover. Zet de bakjes in een ovenschaal, schenk de schaal halfvol met water en laat zo au bain-marie 30 minuten bakken.

Laat de crèmes afkoelen en zet ze dan 1 uur in de koelkast.

Dien koud op.

TIP | Je kunt de crème café op smaak brengen met vanille of met kaneel door dat tijdens het verwarmen bij de melk te voegen.

crème vanille

voor 6 personen

4 eidooiers
1 ei
5 dl volle melk
1 vanillestokje
80 g poedersuiker

Verwarm de oven voor tot 150 °C.

Klop de eieren in een grote kom. Voeg de suiker toe en roer vervolgens met een garde 3 minuten flink door elkaar.

Verwarm de melk met het in tweeën gespleten vanillestokje heel zachtjes in een pan. Haal het stokje eruit en schenk de nog warme melk bij de geklopte eieren. Roer goed door elkaar.

Beboter 6 vuurvaste bakjes en verdeel het mengsel erover. Zet de bakjes in een ovenschaal, schenk de schaal halfvol met water en laat zo au bain-marie 30 minuten bakken.

Laat de crèmes afkoelen en zet ze dan 1 uur in de koelkast.

Dien koud op.

TIP | Leg voordat ze de oven in gaan een stukje van het vanillestokje op elk toetje. Tijdens het bakken zal de smaak er verder intrekken. Je kunt het vanillestokje ook door vanillesuiker vervangen.

crème coco

voor 6 personen

4 eidooiers
1 ei
5 dl volle melk
3 eetlepels geraspte kokos
80 g poedersuiker

Verwarm de oven voor tot 150 °C.

Klop de eieren in een grote kom. Voeg de suiker toe en roer vervolgens met een garde 3 minuten flink door elkaar.

Verwarm de melk met de helft van de geraspte kokos, schenk dat bij de geklopte eieren en roer door elkaar.

Beboter 6 vuurvaste bakjes, verdeel het mengsel erover en strooi de resterende kokos eroverheen. Zet de bakjes in een ovenschaal, schenk de schaal halfvol met water en laat zo au bain-marie 30 minuten bakken.

Laat de crèmes afkoelen en zet ze dan 1 uur in de koelkast.

Dien koud op.

TIP | Zacht chocoladegebak of chocoladekoekjes passen perfect bij dit toetje.

crème pistache

voor 6 personen

4 eidooiers

1 ei

5 dl melk

60 g poedersuiker

30 g ongezouten pistache-nootjes

Verwarm de oven voor tot 150 °C.

Maal de pistachenootjes fijn in de mixer.

Klop de eieren in een grote kom. Voeg de suiker toe en roer vervolgens met een garde flink door elkaar.

Verwarm de melk met de gemalen pistachenootjes, schenk de nog warme melk bij de geklopte eieren en roer heel goed door elkaar.

Beboter 6 vuurvaste bakjes en verdeel de crème erover.

Zet de bakjes in een ovenschaal, schenk de schaal halfvol met water en laat zo au bain-marie 30 minuten bakken.

Laat de crèmes afkoelen en zet ze dan 1 uur in de koelkast.

Dien koud op. Garneer ze bij het opdienen met verse pistachenootjes.

crème d'amande

voor 6 personen

4 eidooiers

1 ei

5 dl volle melk

40 g poedersuiker

40 g gemalen amandelen

2 theelepels gepelde amandelen

Verwarm de oven voor tot 150 °C.

Klop de eieren in een grote kom. Voeg de suiker toe en roer met een garde 3 minuten flink door elkaar.

Verwarm de melk met de gemalen amandelen, schenk de nog warme melk bij de geklopte eieren en roer heel goed door elkaar.

Beboter 6 vuurvaste bakjes en verdeel de crème erover.

Garneer met gepelde amandelen en zet de bakjes dan in een ovenschaal. Schenk de schaal halfvol met water en laat zo au bain-marie 30 minuten bakken.

Laat de crèmes afkoelen en zet ze dan 1 uur in de koelkast.

Dien koud op.

TIP | Je kunt dit recept nog lekkerder maken door er 1 theelepel koffie met oranjebloesemaroma aan toe te voegen.

crème pralinée

voor 6 personen

4 eidooiers

1 ei

5 dl volle melk

60 g poedersuiker

50 g gemalen praline

Verwarm de oven voor tot 150 °C.

Klop de eieren in een grote kom. Voeg de suiker toe en roer vervolgens met een garde 3 minuten door elkaar.

Verwarm de melk met de gemalen praline, schenk het nog warme mengsel bij de geklopte eieren en roer heel goed door elkaar.

Beboter 6 vuurvaste bakjes en verdeel het mengsel erover. Zet de bakjes in een ovenschaal, schenk de schaal halfvol met water en laat zo au bain-marie 30 minuten bakken.

Laat de crèmes afkoelen en zet ze dan 1 uur in de koelkast.

Dien koud op.

choco-peercrème

voor 6 personen

4 eidooiers

1 ei

5 dl volle melk

80 g poedersuiker

150 g pure chocolade

3 hele peren

Verwarm de oven voor tot 150 °C.

Schil de peren en snijd ze in stukken.

Breek de chocolade in stukken en laat ze met 1 eetlepel water in een pan smelten. Roer met een houten spatel door, voeg de melk toe en roer goed door elkaar. Verwarm 3 minuten op laag vuur.

Roer de eidooiers en het ei in een grote kom door elkaar. Voeg de suiker toe en roer met een garde 3 minuten door elkaar. Schenk de chocolademelk erbij, roer opnieuw en voeg dan de stukken peer toe.

Beboter 6 vuurvaste bakjes en verdeel de chocoladecrème erover. Zet de bakjes in een ovenschaal, schenk de schaal halfvol met water en laat zo au bain-marie 30 minuten bakken.

Laat de crèmes afkoelen en zet ze dan 1 uur in de koelkast.

Dien koud op.

TIP | Als de peren niet rijp genoeg zijn, smoor ze dan even in een pan met een klontje boter en wat suiker.
Je kunt ook peren op sap gebruiken, als het geen perenseizoen is. Wel goed laten uitlekken voordat je ze aan de chocolademelk toevoegt.

marshmallow-crème

voor 6 personen

4 eidooiers
1 ei
5 dl volle melk
50 g poedersuiker
1 eetlepel grenadine
18 marshmallows

Verwarm de oven voor tot 150 °C.

Klop de eieren in een grote kom. Voeg de suiker toe en roer flink door met een garde.

Verwarm de melk en schenk de nog warme melk bij de geklopte eieren. Roer door elkaar en voeg de grenadine toe.

Beboter 6 vuurvaste bakjes en verdeel het mengsel erover. Zet de bakjes in een ovenschaal, schenk de schaal halfvol met water en laat zo au bain-marie 30 minuten bakken.

Verdeel de marshmallows 3 minuten voor het eind van de baktijd over de bakjes.

Laat de crèmes afkoelen en zet ze dan 1 uur in de koelkast.

Dien koud op.

crème rhubarbe

voor 6 personen

4 eidooiers

1 ei

5 dl volle melk

1 vanillestokje

80 g + 2 eetlepels poeder-suiker

1 klontje boter

3 stengels rabarber

Verwarm de oven voor tot 150 °C.

Schil de rabarber en snijd hem in dobbelsteentjes. Smoor deze zachtjes met het klontje boter in een pan. Bestrooi met 2 lepels suiker. Doe het vuur uit als de stukjes gaar zijn.

Klop de eieren in een grote kom. Voeg de suiker toe en roer met een garde 3 minuten flink door elkaar.

Verwarm de melk met het in tweeën gespleten vanillestokje in een pan. Laat trekken, schenk de nog warme melk bij de geklopte eieren en roer door elkaar.

Voeg de gare rabarber toe.

Beboter 6 vuurvaste bakjes en verdeel het mengsel erover. Zet de bakjes in een ovenschaal, schenk de schaal halfvol met water en laat zo au bain-marie 30 minuten bakken.

Laat de crèmes afkoelen en zet ze dan 1 uur in de koelkast.

Dien koud op.

TIP | Je kunt de rabarber door ander seizoensfruit vervangen of een paar aardbeien toevoegen.

appel-kaneelcrème

voor 6 personen

4 eidooiers
1 ei
5 dl volle melk
1 theelepel kaneelpoeder
80 g poedersuiker
1 klontje boter
1 appeltje
1 handje rozijnen

Verwarm de oven voor tot 150 °C.

Schil de appel en snijd hem in dobbelsteentjes. Smoor deze zachtjes met het klontje boter en de rozijnen in een pan. Doe het vuur uit als de stukjes appel gaar zijn.

Klop de eieren in een grote kom. Voeg de suiker toe en roer met een garde 3 minuten flink door elkaar.

Verwarm de melk met de kaneel in een pan. Schenk de nog warme melk bij de geklopte eieren en roer door elkaar. Voeg het gare fruit toe.

Beboter 6 vuurvaste bakjes en verdeel het mengsel erover. Zet de bakjes in een ovenschaal, schenk de schaal halfvol met water en laat zo au bain-marie 30 minuten bakken.

Laat de crèmes afkoelen en zet ze dan 1 uur in de koelkast.

Dien koud op.

TIP | Je kunt het kaneelpoeder vervangen door een kaneelstokje dat je 5 minuten in de warme melk laat trekken. Verkruimel voor het opdienen een biscuitje, een wit broodje of een briochebroodje over de crèmes.

crème caramel

voor 4 personen

3 hele eieren

5 dl melk

80 g poedersuiker

15 suikerklontjes

gezouten boter voor de vuurvaste bakjes

Verwarm de oven voor tot 120 °C.

Beboter een ovenschaal of aparte vuurvaste bakjes.

Maak de karamel door de suikerklontjes heel zachtjes in een pan te verwarmen. Roer telkens met een houten spatel door. Zet het vuur uit zodra de suiker mooi lichtbruin is en verdeel deze snel over de schaal of de bakjes.

Klop de eieren in een grote kom. Verwarm de melk met de suiker, schenk deze met kleine hoeveelheden tegelijk bij de geklopte eieren en roer flink door elkaar. Schenk dit mengsel bij de karamel.

Zet de bakjes of de schaal in een ovenschaal, schenk deze halfvol met water en laat zo au bain-marie 50 minuten bakken.

Laat de crèmes afkoelen en zet ze dan 1 uur in de koelkast.

Haal voor het opdienen het lemmet van een mes langs de randen van de schaal of bakjes om het toetje uit de vorm te halen. Stort het toetje op een groot bord of op aparte bordjes.

Dien koud op.

TIP | Je kunt de crème caramel een smaakje geven door een in tweeën gespleten vanillestokje of stukjes sinaasappel- of citroenschil mee te koken.

crème met aardbeien

voor 4 personen

3 hele eieren

5 dl melk

80 g poedersuiker

16 mooie aardbeien

15 suikerklontjes

boter voor de vuurvaste bakjes

Verwarm de oven voor tot 120 °C.

Beboter een ovenschaal of aparte vuurvaste bakjes.

Was de aardbeien, verwijder de kroontjes en snijd ze in stukjes.

Maak de karamel door de suikerklontjes heel zachtjes in een pan te verwarmen. Roer telkens met een houten spatel door. Doe het vuur uit zodra de suiker mooi lichtbruin is en verdeel deze snel over de schaal of de bakjes.

Klop de eieren in een grote kom. Verwarm de melk met de suiker, schenk deze met kleine hoeveelheden tegelijk bij de geklopte eieren en roer flink door elkaar. Voeg de stukjes aardbei toe. Schenk dit mengsel bij de karamel.

Zet de schaal of de bakjes in een ovenschaal, schenk deze halfvol met water in en laat zo au bain-marie 50 minuten bakken.

Laat de crèmes afkoelen en zet ze dan 1 uur in de koelkast.

Haal voor het opdienen het lemmet van een mes langs de randen van de schaal of de bakjes om het toetje uit de vorm te halen. Stort het toetje op een groot bord of op aparte bordjes.

Dien koud op.

TIP | Je kunt de aardbeien door elk ander soort fruit vervangen: perziken, abrikozen, frambozen, kersen, bananen...

crème brûlée

voor 6 personen

8 eidooiers

6 dl slagroom

80 g fijne kristalsuiker

4 eetlepels poedersuiker voor het karameliseren

Verwarm de oven voor tot 100 °C.

Klop de eidooiers en de suiker flink door elkaar in een grote kom.

Verwarm de slagroom in een pan op zacht vuur. Schenk deze zodra hij begint te koken bij de geklopte eieren en roer door elkaar.

Verdeel het mengsel over 6 crème brûléebakjes en zet ze in een ovenschaal. Schenk de schaal halfvol met water en laat zo au bain-marie 1 uur en 15 minuten bakken.

Laat de crèmes afkoelen en zet ze dan 2 uur in de koelkast.

Bestrooi ze met suiker en laat ze vervolgens karameliseren, met een crème brûléebrander, of door ze 3 minuten in de oven onder de grill te zetten.

Zet in beide gevallen de toetjes vooraf in een schaal koud water om te voorkomen dat ze weer vloeibaar worden. Zet ze nog 10 minuten koud weg.

TIP | Je kunt een smaakje aan de crème brûlée toevoegen door een vanillestokje of een takje citroentijm tijdens het verwarmen in de slagroom te laten trekken.

crème brûlée met kruidkoek

voor 6 personen

8 eidooiers

6 dl slagroom

80 g fijne kristalsuiker

2 plakjes kruidkoek

4 eetlepels poedersuiker voor het karameliseren

Verwarm de oven voor tot 100 °C.

Klop de eidooiers en de suiker flink door elkaar in een grote kom.

Verwarm intussen de slagroom in een pan op zacht vuur. Voeg 1 verkruimeld plakje kruidkoek toe. Schenk dit alles zodra het begint te koken bij de geklopte eieren en roer door elkaar.

Verdeel dit mengsel over 6 crème brûléebakjes. Zet ze in een ovenschaal, schenk deze halfvol met water en laat zo au bain-marie 1 uur en 15 minuten bakken.

Laat de crèmes afkoelen en zet ze dan 2 uur in de koelkast.

Bestrooi de toetjes met suiker en met het verkruimelde tweede plakje kruidkoek en laat ze vervolgens karameliseren, met een crème brûléebrander of door ze 3 minuten in de oven onder de grill te zetten.

Zet in beide gevallen de toetjes vooraf in een schaal koud water om te voorkomen dat ze weer vloeibaar worden. Zet ze nog 10 minuten koel weg.

krokante crème brûlée met chocolade

voor 6 personen
8 eidooiers
6 dl slagroom
80 g fijne kristalsuiker
1 vanillestokje
50 g chocolade
50 g amandelen

Verwarm de oven voor tot 100 °C.

Klop de eidooiers en de suiker flink door elkaar in een grote kom.

Verwarm de slagroom met het in tweeën gespleten vanillestokje in een pan op zacht vuur. Laat 5 minuten trekken, haal het stokje eruit, schenk de slagroom bij de geklopte eieren en roer door elkaar.

Verdeel dit alles over 6 crème brûléebakjes. Zet ze in een ovenschaal, schenk deze halfvol met water en laat zo au bain-marie 1 uur en 15 minuten bakken.

Laat de crèmes afkoelen en zet ze dan 2 uur in de koelkast.

Breek intussen de chocolade in stukken en laat ze heel zachtjes in een pan smelten met 2 theelepels water. Wikkel de amandelen in een theedoek en verkruimel ze met behulp van een deegroller of een fles. Meng ze door de chocolade. Leg deze pasta op bakpapier of op een bakplaat met een antiaanbaklaag en leg in de koelkast.

Leg bij het opdienen wat amandel-chocoladepasta met een spatel op de toetjes. De brokkelige chocolade is een heerlijke vervanging van het karameliseren van de toetjes.

crème brûlée met koffie

voor 6 personen

8 eidooiers

6 dl slagroom

80 g fijne kristalsuiker

2 theelepels gemalen koffie

4 eetlepels poedersuiker voor het karamelliseren

Verwarm de oven voor tot 100 °C.

Klop de eidooiers en de suiker flink door elkaar in een grote kom.

Verwarm intussen de slagroom met de koffie in een pan op laag vuur. Schenk dit zodra het begint te koken bij de geklopte eieren en roer door elkaar.

Zeef het mengsel om korreltjes koffie te verwijderen en verdeel het vervolgens over 6 crème brûléebakjes.

Zet ze in een ovenschaal, schenk deze halfvol met water en laat zo au bain-marie 1 uur en 15 minuten bakken.

Laat de crèmes afkoelen en zet ze dan 2 uur in de koelkast.

Bestrooi de toetjes met suiker en laat ze vervolgens karameliseren, met een crème brûléebrander of door ze 3 minuten in de oven onder de grill te zetten.

Zet in beide gevallen de toetjes vooraf in een schaal koud water om te voorkomen dat ze weer vloeibaar worden.

Zet ze voor het opdienen nog 10 minuten koel weg.

TIP | Je kunt een smaakje aan de crème brûlée met koffie toevoegen door een vanillestokje of een kaneelstokje tijdens het verwarmen in de slagroom te laten trekken.

crema catalana

voor 6 personen

8 eidooiers

6 dl slagroom

80 g fijne kristalsuiker

1 onbespoten citroen

1 kaneelstokje

4 eetlepels poedersuiker voor het karameliseren

Verwarm de oven voor tot 100 °C.

Rasp schilletjes van de citroen. Klop de eidooiers en de suiker flink door elkaar in een grote kom.

Verwarm de slagroom met de citroenschilletjes en het kaneelstokje in een pan op laag vuur. Laat 5 minuten trekken, haal het kaneelstokje eruit, schenk het zodra het begint te koken bij de geklopte eieren en roer door elkaar.

Verdeel dit alles over 6 crème brûléebakjes. Zet ze in een ovenschaal, schenk deze halfvol met water en laat zo au bain-marie 1 uur en 15 minuten bakken.

Laat de toetjes afkoelen en zet ze dan 2 uur in de koelkast.

Bestrooi de toetjes met suiker en laat ze vervolgens karameliseren, met een crème brûléebrander of door ze 3 minuten in de oven onder de grill te zetten.

Zet in beide gevallen de toetjes vooraf in een schaal koud water om te voorkomen dat ze weer vloeibaar worden.

Zet ze voor het opdienen nog 10 minuten koud weg.

crème brûlée met honing

voor 6 personen

8 eidooiers

6 dl slagroom

80 g fijne kristalsuiker

1 eetlepel vloeibare honing

10 suikerklontjes

30 g ongezouten pistache-nootjes

30 g amandelen

Verwarm de oven voor tot 100 °C.

Klop de eidooiers en de suiker in een grote kom flink door elkaar. Voeg de honing toe en roer opnieuw.

Verwarm de slagroom in een pan op laag vuur. Schenk hem bij de geklopte eieren en roer door elkaar.

Verdeel het mengsel over 6 crème brûléebakjes. Zet ze in een ovenschaal, schenk deze halfvol met water en laat zo au bain-marie 1 uur en 15 minuten bakken.

Laat de crèmes afkoelen en zet ze dan 2 uur in de koelkast.

Wikkel de amandelen en de pistachenootjes intussen in een theedoek en verkruimel ze dan met behulp van een deegroller of een fles.

Smelt voor de karamel de suikerklontjes in een pan, zonder water. Voeg de verkruimelde amandelen en pistachenootjes toe als de suiker mooi lichtbruin wordt. Roer ze door de karamel.

Leg dit korstje op bakpapier of op een bakplaat met een antiaanbaklaag en leg deze in de koelkast.

Breek voor het opdienen met je handen stukjes van dit knapperige korstje af en leg die op de toetjes.

crème brûlée met pistache

voor 6 personen

8 eidooiers

6 dl slagroom

80 g fijne kristalsuiker

2 eetlepels gemalen ongezouten pistachenootjes

4 eetlepels poedersuiker voor het karamelliseren

Verwarm de oven voor tot 100 °C.

Klop de eidooiers en de suiker in een grote kom flink door elkaar.

Verwarm de slagroom met de gemalen pistachenootjes in een pan op laag vuur. Schenk dit zodra het begint te koken bij de geklopte eieren en roer door elkaar.

Verdeel het mengsel over 6 crème brûléebakjes. Zet ze in een ovenschaal, schenk deze halfvol met water en laat zo au bain-marie 1 uur en 15 minuten bakken.

Laat de crèmes afkoelen en zet ze dan 2 uur in de koelkast.

Bestrooi de toetjes met suiker en laat ze vervolgens karameliseren, met een crème brûléebrander of door ze 3 minuten in de oven onder de grill te zetten.

Zet in beide gevallen de toetjes vooraf in een schaal koud water om te voorkomen dat ze weer vloeibaar worden. Zet ze voor het opdienen nog 10 minuten koud weg.

Garneer bij het opdienen met hele pistachenootjes.

crème brûlée met rood fruit

voor 6 personen

8 eidooiers

6 dl slagroom

80 g fijne kristalsuiker

een stuk of 10 frambozen

4 trosjes rode bessen

4 eetlepels poedersuiker voor het karameliseren

Verwarm de oven voor tot 100 °C.

Klop de eidooiers en de suiker in een grote kom flink door elkaar.

Verwarm intussen de slagroom in een pan op laag vuur. Schenk deze zodra hij begint te koken bij de geklopte eieren en roer door elkaar.

Verdeel het mengsel over 6 crème brûléebakjes. Zet ze in een ovenschaal, schenk deze halfvol met water en laat zo au bain-marie 1 uur en 15 minuten bakken.

Spoel het fruit af. Verdeel het 20 minuten voor het einde van de baktijd over de toetjes.

Laat de crèmes afkoelen en zet ze dan 2 uur in de koelkast.

Bestrooi de toetjes met suiker en laat ze vervolgens karameliseren, met een crème brûléebrander of door ze 3 minuten in de oven onder de grill te zetten.

Zet in beide gevallen de toetjes vooraf in een schaal koud water om te voorkomen dat ze weer vloeibaar worden.

Zet ze voor het opdienen nog 10 minuten koud weg.

TIP | Je kunt de frambozen en bessen door allerlei seizoensfruit vervangen: kersen, bramen, zwarte bessen, bosaardbeitjes, aardbeien... Voeg een smaakje aan de slagroom toe met citroentijm, lavendel of rozemarijn.

frisse crème met chocolade

voor 6 personen

2½ dl melk
2½ dl slagroom
3 eidooiers
60 g fijne kristalsuiker
150 g pure chocolade
1 blaadje gelatine

Breng de melk met de slagroom in een pan aan de kook.

Klop intussen de eidooiers en de suiker in een grote kom flink door elkaar. Voeg de warme vloeistof toe, roer door en schenk dit alles vervolgens terug in de pan. Verwarm al roerend op laag vuur. De crème zal langzamerhand dikker worden. Doe het vuur uit.

Week het blaadje gelatine in een kom koud water.

Rasp de chocolade in een grote kom. Schenk de helft van de nog warme crème bij de chocolade en roer door, zodat deze goed smelt. Knijp het blaadje gelatine uit en voeg het bij het mengsel. Schenk de rest van de crème erbij, roer alles door elkaar en verdeel het over 6 vuurvaste bakjes.

Laat de crèmes afkoelen en zet ze dan 2 uur in de koelkast voordat je ze opdient.

TIP | Je kunt bij dit recept hazelnootkoekjes geven.

frisse crème met karamel

voor 6 personen

2½ dl melk
2½ dl slagroom
3 eidooiers
60 g fijne kristalsuiker
15 suikerklontjes
2 blaadjes gelatine

Breng de melk met de slagroom in een pan aan de kook.

Klop intussen de eidooiers en de suiker in een grote kom flink door elkaar. Voeg de warme vloeistof toe, roer door en schenk dit alles vervolgens terug in de pan. Verwarm al roerend op zacht vuur. De crème zal langzamerhand dikker worden. Doe het vuur uit.

Week de blaadjes gelatine in een kom koud water.

Maak de karamel door de suikerklontjes in een pan te laten smelten. Voeg van het vuur twee eetlepels water toe en roer snel door om de karamel goed door het water te mengen. Pas op voor hete karamelspetters: gebruik een houten lepel met een lange steel.

Schenk de karamel met de helft van de nog warme crème in een grote schaal. Roer. Knijp de blaadjes gelatine uit en voeg ze aan het karamelmengsel toe. Schenk de rest van de crème erbij, roer alles door elkaar en verdeel het over 6 vuurvaste bakjes.

Laat ze afkoelen en zet ze voor het opdienen 2 uur in de koelkast.

TIP | Je kunt dit recept nog lekkerder maken door gesmolten pure chocolade aan de karamel toe te voegen voordat je alles door de nog warme crème roert.
Je bespaart een kwartier door kant-en-klare vloeibare karamel te gebruiken.

frisse crème met citroen

voor 4 personen

4 eidooiers

100 g fijne kristalsuiker

20 g maïzena

3 onbespoten citroenen

2½ dl water

1 klontje boter

Klop de eidooiers en de suiker in een grote kom flink door elkaar. Voeg de maïzena toe, het citroenschilletje, het sap van de citroenen en het water. Roer door elkaar.

Schenk alles in een pan en verwarm heel zachtjes tot het mengsel dik en smeuïg wordt.

Doe het vuur uit, voeg het klontje boter toe en roer door.

Verdeel de crème over 4 bakjes.

Laat ze afkoelen en zet ze vervolgens voor het opdienen 2 uur in de koelkast.

TIP | Je kunt de citroencrème opdienen met zandkoekjes of met schuimpjes die je maakt van eiwit.

romig toetje met kokos en aardbeien

voor 4 personen

2 dl ongezoete kokosmelk
2½ dl slagroom
1 vanillestokje
3 blaadjes gelatine
een paar aardbeien

Zet een kommetje in de koelkast.

Doe de kokosmelk met het in tweeën gespleten vanillestokje in een pan.

Week de blaadjes gelatine in koud water. Knijp ze, zodra ze zacht geworden zijn, met je hand uit en voeg ze aan de kokosmelk toe. Roer totdat ze oplossen. Haal het vanillestokje eruit. Laat afkoelen.

Klop de slagroom met een handmixer stijf in de koude kom. Voeg met kleine hoeveelheden tegelijk de kokosmelk aan de slagroom toe zodat een lichte, lekkere room ontstaat.

Was de aardbeien, snijd ze in stukjes en roer ze door de room. Verdeel over 4 bakjes of glazen.

Zet 3 uur in de koelkast

romig toetje met frambozen

voor 4 personen

330 ml slagroom

80 g fijne poedersuiker

2 blaadjes gelatine

4 eetlepel frambozensaus

een paar frambozen voor de garnering

Zet een kommetje in de koelkast.

Week de blaadjes gelatine in koud water. Knijp ze, zodra ze zacht geworden zijn, met je hand uit.

Verwarm de frambozensaus in een pan en voeg de blaadjes gelatine toe. Roer totdat ze oplossen.

Klop de slagroom met een handmixer stijf in de koude kom. Voeg de poedersuiker toe als hij stijf geworden is en roer erdoorheen. Voeg met kleine hoeveelheden tegelijk de frambozensaus aan de slagroom toe zodat een lichte, lekkere room ontstaat. Verdeel deze over 4 bakjes of glazen.

Garneer met een paar frambozen.

Zet 3 uur in de koelkast.

romig toetje met melkchocolade

voor 4 personen

330 ml slagroom
80 g fijne poedersuiker
2 blaadjes gelatine
150 g melkchocolade

Zet een kommetje in de koelkast.

Week de blaadjes gelatine in koud water. Knijp ze, zodra ze zacht geworden zijn, met je hand uit.

Smelt de chocolade in een pan en voeg de blaadjes gelatine toe. Roer totdat ze oplossen.

Klop de slagroom met een handmixer stijf in de koude kom. Voeg de poedersuiker toe als hij stijf geworden is en roer erdoorheen. Voeg met een houten lepel en met kleine hoeveelheden tegelijk de chocolade aan de slagroom toe zodat een lichte, lekkere room ontstaat. Verdeel deze over 4 glazen of bakjes.

Zet 3 uur in de koelkast.

TIP | Je kunt stukjes hazelnoot toevoegen als je de chocolade laat smelten.

ilk
ilk

romig rozentoetje

voor 4 personen

330 ml slagroom
80 g fijne poedersuiker
2 blaadjes gelatine
1 eetlepel rozenlikeur

Zet een kommetje in de koelkast.

Week de blaadjes gelatine in koud water. Knijp ze, zodra ze zacht geworden zijn, met je hand uit.

Verwarm de rozenlikeur in een pan en voeg de blaadjes gelatine toe. Roer totdat ze oplossen.

Klop de slagroom met een handmixer stijf in de koude kom. Voeg de poedersuiker toe als hij stijf geworden is en roer erdoorheen. Voeg met een houten lepel en met kleine hoeveelheden tegelijk de rozenlikeur aan de slagroom toe zodat een lichte, lekkere room ontstaat.

Zet 3 uur in de koelkast.

TIP | Je kunt saus van rood fruit, bessen, frambozen of zwarte bessen aan de slagroom toevoegen en garneren met een paar verse vruchtjes of roze koekjes.

Derde druk, 2011

Voor het Nederlandse taalgebied:

(e-mail: post@gottmer.nl)
Uitgeverij J.H. Gottmer/H.J.W. Becht BV is onderdeel van de Gottmer Uitgeversgroep BV

Oorspronkelijke titel: *petites crèmes*
Oorspronkelijke uitgever: Marabout, Parijs

Vertaling: Joke Radius, Wilnis
Redactie: Barbara Luijken, Overveen
Opmaak: Jan Brands Bureau voor Grafische Vormgeving, 's-Hertogenbosch

ISBN 978 90 230 1268 9
NUR 440

Heel veel dank aan Claire, André, Camille, Sophie, Harold, aan mijn moeder, Claire, Claudette en Zabou voor het nalezen en aan Sébastien voor zijn opbouwende kritiek.